Tornando-se mentalmente resistente em Fisiculturismo usando Meditação:

Alcançar seu potencial através do controle dos seus pensamentos interiores.

De

Joseph Correa

Atleta Profissional e Treinador

DIREITOS AUTORAIS

© 2016 Finibi Inc

Todos os direitos reservados

A reprodução ou tradução de qualquer parte deste trabalho além do permitido pela seção 107 ou 108 da Lei de Direitos Autorais dos Estados Unidos 1976 sem a permissão do proprietário dos direitos autorais é ilegal.

Esta publicação destina-se a fornecer informações precisas e autoritárias em relação ao assunto abordado. É vendido com o entendimento de que nem o autor nem a editora estão envolvidos na prestação de aconselhamento médico. Se for necessário consultar um médico ou assistência, consultar com um médico. Este livro é considerado um guia e não deve ser utilizado em qualquer forma prejudicial à saúde. Consulte um profissional médico antes de iniciar quaisquer das práticas de meditação ou visualizações práticas mostradas aqui para certificar-se de que eles são corretos para você.

AGRADECIMENTOS

Aos meus amigos e família que me motivaram a sempre atingir meus sonhos.

Tornando-se mentalmente resistente em Fisiculturismo usando Meditação:

Alcançar seu potencial através do controle dos seus pensamentos interiores.

De

Joseph Correa

Atleta Profissional e Treinador

CONTEÚDO

DIREITOS AUTORAIS

AGRADECIMENTOS

SOBRE O AUTOR

INTRODUÇÃO

O QUE É MEDITAÇÃO?

CAPÍTULO 1: COMO A MEDITAÇÃO IRÁ BENEFICIÁ-LO?

CAPÍTULO 2: COMO FISICULTURISTAS PODEM SE BENEFICIAR PELA MEDITAÇÃO?

CAPÍTULO 3: OS MELHORES TIPOS DE MEDITAÇÃO PARA O FISICULTURISMO.

CAPÍTULO 4: COMO PREPARAR-SE PARA MEDITAR

CAPÍTULO 5: PADRÕES DE RESPIRAÇÃO PARA MELHORAR O DESEMPENHO TODOS OS FISICULTURISTAS DEVEM APRENDER PARA MEDITAR

CAPÍTULO 6: DIETA E MEDITAÇÃO PARA FISICULTURISMO

CAPÍTULO 7: O PODER DE USAR VISUALIZAÇÕES PARA O FISICULTURISMO

CAPÍTULO 8: MEDITAR POR MÁXIMOS RESULTADOS NA MUSCULAÇÃO

CAPÍTULO 9: MEDITAR PARA A FORÇA EMOCIONAL

CAPÍTULO 10: MEDITAR PARA A FORÇA MENTAL

CAPÍTULO 11: MEDITAÇÃO PARA SOLUÇÃO DE PROBLEMAS

CONSIDERAÇÕES FINAIS

MAIS TÍTULOS DESTE AUTOR

SOBRE O AUTOR

Como um instrutor de meditação certificado, eu sou um firme crente no poder que pode ser aproveitado a partir da mente.

Tendo realizado como atleta profissional, eu entendo o que passa pela sua cabeça e como nervos e pressão podem afetar o seu desempenho.

As três maiores mudanças na minha vida vieram da mudança de um ambiente de treinamento de peso para uma nutrição mais baseado, flexibilidade melhorada e **um ambiente mentalmente focado** que tiveram uma mudança significativa no meu desempenho e na minha vida.

Meditação e visualização tem me ajudado a controlar minhas emoções e simular competições ao vivo antes que eles sequer acontecerem.

Adicionando ioga e longos períodos de alongamento reduziram minhas lesões para quase zero e melhoraram a minha reação e velocidade.

Melhorar a minha nutrição me permitiu continuar a atingir no meu auge sob condições climáticas difíceis, que poderiam ter me afetados no passado causando cólicas e músculo puxa.

De longe, meditação e visualização mudará tudo, não importa o que disciplina atlética que você está. Você vai ver o quão poderoso é uma vez que você gastar mais e mais tempo com ela e dedicar o mínimo de 10 minutos por dia para a respiração, focada pensando, e concentrando-se.

Meu conhecimento e prática contínua da meditação e visualização ajudaram-me viver mais saudável e mais forte ao longo dos anos, o que tem me beneficiado em todos os aspectos da vida. Quanto mais você usa seu cérebro a desenvolver-se e tudo o que você pode obter, mais você vai querer continuar a praticar a meditação e visualização.

Desbloquear o seu verdadeiro potencial, aprendendo e praticando meditação e visualização começando agora!

INTRODUÇÃO

A meditação é uma das melhores maneiras de alcançar seu verdadeiro potencial. Comer direito e e treinar são duas das peças do quebra-cabeça, mas você precisa a terceira peça para alcançar seu verdadeiro potencial. A terceira parte é a resistência mental e que pode ser obtido através da meditação.

Fisiculturistas que praticam a meditação regularmente irá descobrir que eles são ou tem:

- Mais confiança durante a competição.

- Redução dos níveis de estresse.

- Melhor capacidade de se concentrar por longos períodos de tempo.

- Fadiga muscular menor.

- Tempos de recuperação mais rápida depois de competir ou formação.

- Superar nervosismo melhor.

- Controle das suas emoções sob pressão.

O que mais você pode pedir como um fisiculturista?

Ao considerar desbloquear o seu verdadeiro potencial a maioria dos atletas se concentram em metas físicas e nutricionais, mas muitas vezes esquecem seu potencial interno através de práticas como a meditação e visualização. É comum querer ver os benefícios físicos a partir de exercícios físicos, mas o que muitos atletas não sabem é que a meditação tem sido comprovada para melhorar a saúde física e desempenho.

Atingir seu pico de desempenho requer que você treine e estimule o corpo e a mente. Não levando isso em conta pode ser a principal razão pela qual alguns atletas têm problemas para chegar ao próximo nível. A fim de fazer o seu melhor você deve aceitar que o corpo ea mente são o que fará com que você completa.

Meditação como exercício para a mente ajuda a fortalecer sua mente como você iria fortalecer seu corpo, em constante evolução, como você praticá-la.

Condicionamento físico, uma boa alimentação, e meditação são as três chaves para atingir um estado de ótimo desempenho. A maioria dos atletas não presta tanta atenção à meditação como deveriam porque está principalmente preocupado com a aparência e como os outros percebem-no.

Os resultados, em meditação, não são algo que você vai ver fisicamente, mas sim em como você se sente e em sua nova capacidade de controlar seus pensamentos e emoções. Ao iniciar suas sessões de meditação e ser disciplinado e consistente você vai notar melhorias significativas na forma como você responde a ansiedade, pressão e stress, que são três das principais questões a maioria dos atletas têm dificuldade para superar na vida e quando se tenta alcançar o seu verdadeiro potencial.

Mude sua vida e começar a usar a meditação para superar seus limites e se libertar!

O QUE É MEDITAÇÃO?

A meditação é um estado de espírito onde você está refletindo ou pensando em algo com uma mente calma. Meditação e pensamento normal são duas coisas diferentes. Ao meditar você está conseguindo um estado muito mais elevado de concentração onde nada está nublando sua mente e interagindo com seus pensamentos.

Meditação exige muito mais concentração e é por isso que é tão importante estar em um ambiente de distração livre onde os ruídos externos não irão interromper o seu foco.

Seus pensamentos normais podem durar alguns segundos, mas na meditação esses pensamentos e o processo de relaxamento são feitos para durar 5 minutos, e não importa quanto tempo você precisar.

Pensamentos podem ser muitos, mas quando você meditar hiper foco em um pensamento de cada vez. Às vezes, quando meditando você pode se concentrar apenas em ter um estado mental clara.

A meditação pode ser usada para fins religiosos ou não religiosos, mas neste livro ele será usado apenas para fins não-religiosos.

Você pode usar a meditação a qualquer momento durante o dia ou à noite, quando você sente que precisa se acalmar e encontrar um estado de se sentir mais equilibrado mentalmente.

Como você se tornar mais avançado em meditação, você vai passar para esse estado de espírito mais rápido porque vai ficar melhor no bloqueio de distrações, e isso permitirá que você para centralizar sua mente muito mais cedo.

Na meditação você quiser sair da zona pensamentos negativos que interferem, situações estressantes, ou quaisquer fatores de interrupção quando você está tentando chegar a um estado de foco muito maior e mais profundo em todas as ideais em que você está trabalhando para se concentrar.

Para maximizar o seu potencial você precisará ser capaz de acalmar a mente e deixar quaisquer distrações mentais para trás e deixar a sua mente superar quaisquer obstáculos no caminho.

CAPÍTULO 1: COMO A MEDITAÇÃO IRÁ BENEFICIÁ-LO?

Os benefícios da meditação pode ser dividido para benefícios físicos, benefícios mentais, emocionais, benefícios e benefícios espirituais como você vai ver.

Não importa se você é alto, short, inteligente, ou lento, a meditação é para quem quer melhorar a si mesmos.

Acho que emocionalmente, a meditação é maravilhosa, mas todos são diferentes e você pode encontrá-lo para beneficiar um aspecto de sua vida mais do que outros.

A meditação tem sido mostrada para ajudar a ansiedade, redução e uma vez que a ansiedade e o estresse são alguns dos mais graves problemas mentais que afetam os atletas de todo o mundo, este é um tema importante. Meditação impede o progresso geral de estresse e ansiedade para melhor superá-lo e eliminá-lo o máximo possível de nossas vidas.

Na verdade, a meditação é sobre as melhores maneiras de controlar o estresse e reduzir os problemas de saúde que surgem devido ao estresse. Estresse pode causar falta de sono e uma redução dos níveis de energia, que irá afetar a sua atitude, o desempenho no trabalho, paciência e tolerância.

A meditação é uma das técnicas de maior estresse que controlam ao redor, de modo que você pode facilmente começar a adicioná-lo à sua vida e começar a sentir melhor e mais saudável em uma base do dia a dia.

Benefícios físicos

Quando a maioria dos atletas pensar em alguma concessão de benefícios físicos, seus pensamentos tendem a ser em algum tipo de exercício físico. Isso pode incluir exercícios como: corrida, ciclismo, natação, caminhada e musculação. É normal pensar de exercícios físicos como uma solução para melhorar a sua saúde física, mas benefícios físicos pode acontecer de maneiras diferentes e meditação prova isso.

Algumas das melhorias físicas que podem ser observados após meditar são:

1. **A sua capacidade de reduzir o seu ritmo cardíaco** para ajudá-lo a controlar suas emoções melhor. Estresse e ansiedade têm uma tendência para aumentar a sua frequência cardíaca. Ser capaz de controlar isso será muito benéfico se você está sob pressão constante.

2. **Sua capacidade de reduzir a pressão arterial.** Além de reduzir o seu ritmo cardíaco, a meditação também vai ajudá-lo com mugido sua pressão arterial. Níveis de pressão arterial elevada equivalem a um risco muito maior de doença cardíaca e acidente vascular cerebral. Muitas coisas em nosso ambiente, especialmente de alimentos, facilmente elevar a pressão arterial. Ter uma ferramenta poderosa como a meditação do seu lado irá ajudá-lo a superar isso.

3. **A sua capacidade de controlar a tensão muscular.** Atletas que têm os músculos tensos geralmente vão ser mais propensos a desequilíbrios musculares e pode ter lágrimas musculares muito mais frequência do que as pessoas que aprenderam a relaxar seus músculos. Atletas vai se recuperar muito mais rápido e se sentir menos cansado depois de meditar. Quando você reduzir a tensão muscular, os músculos vão recuperar mais rapidamente devido à melhoria da qualidade de resto, que só irá melhorar o desempenho físico. Para os atletas que competem em níveis elevados, você não quer esquecer esse benefício.

4. **A sua capacidade de manter a calma em situações estressantes.** Ser capaz de controlar suas emoções melhor vai ajudar você a manter a calma quando as coisas não saem do jeito que você planejou para eles ou quando as coisas ficam estressantes.

5. **Seu melhorou abordagem para ansiedade e medo.** A maioria dos atletas encontram-se preocupar menos e ser menos medo de fazer as coisas depois que eles foram capazes de pensar sobre as coisas em sua mente em primeiro lugar. Isso vai melhor prepará-lo e fazer você se sentir mais confiante.

6. **Sua capacidade de fortalecer seu sistema imunológico.** Sendo menos estressado, menos preocupado, com níveis de pressão arteriais mais baixos, e descansar melhor será para todas as contas de um melhor sistema imunológico que irá ajudá-lo a se sentir mais forte, mais saudável e mais enérgico do que nunca.

7. **Aprimorada capacidade de recuperação após o treinamento físico.** Meditação pode ajudar a fortalecer o tempo de resposta do sistema imunológico, e este por sua vez, pode ajudá-lo a recuperar mais rapidamente de sessões de treino que você está fazendo. Se o seu sistema

imunológico, é fraco, como é normal para tornar-se que estão constantemente sob pressão, em uma corrida, e seriamente estressado, isso pode fazer você se sentir cansado o que torna mais difícil de recuperar-se depois de uma sessão de treino é concluída. Ao praticar a meditação em uma base diária, você vai ver um aumento mais rápido em sua taxa de recuperação para que você possa estar pronto mais cedo e voltar a treinar novamente com mais energia.

Estes foram alguns dos benefícios físicos mais comuns que você vai ver e sentir a partir de praticar a meditação. Você vai notar a meditação requer pouco ou nenhum movimento em tudo, mas não acho que ele não vai influenciá-lo de uma forma física.

Benefícios mentais

Como você pode imaginar, os benefícios mentais ou psicológicos da meditação tendem a ser ainda mais poderoso, pois isso é em grande parte uma forma mentalmente focado de prática.

Alguns dos benefícios mentais primárias da meditação são:

1. **Melhoria da abordagem no sentido de raiva.** Alguns atletas tendem a ficar irritado muito facilmente, por

vezes, por nenhuma razão em tudo. O primeiro benefício mental que você vai ver é um nível reduzido de raiva e agressão. Porque você vai se sentir mais no controle sobre suas emoções. Você vai ser menos propensos a deixar suas emoções obter o melhor de você. Para aqueles que tendem a ser muito agressivo em uma base diária, você pode usar a meditação para acalmar esses sentimentos para baixo quando eles começam a ficar fora de mão.

2. **Melhoria da capacidade de se concentrar.** A meditação pode ajudá-lo a se concentrar por muito longos períodos de tempo e vai permitir que você faça esses períodos de concentração, de alta qualidade. ESTA É UM DOS MAIORES OS BENEFÍCIOS Você pode obter de meditar e uma que não deve ser menosprezada. Ser capaz de bloquear as distrações e ficar focado na tarefa na mão pode ser um grande obstáculo que a meditação irá ajudá-lo a superar.

3. **Maior confiança em si mesmo.** Os atletas que realizam regularmente a meditação muitas vezes dizem que se sentem mais confiantes. A autoconfiança vem do sentimento que você tem maior controle sobre eventos específicos em sua vida. Quando você tem mais autoestima, ele vai

mostrar em tudo que você faz, se está interagindo com os outros ou ao tentar alcançar seus objetivos. A meditação pode fazer você se sentir competente e forte. Para a maioria dos atletas, a redução na tensão por si só é suficiente motivação para mantê-los praticando meditação numa base diária.

4. **Você vai se sentir mais relaxado.** O processo de respiração e fechar os olhos combinados com o pensamento focado vão ajudá-lo a se sentir mais calmo e mais relaxado.

Nós não vamos passar por cima os benefícios espirituais de meditação neste livro, mas você pode pesquisar este tema, se você estiver interessado em aprender mais sobre esse assunto.

CAPÍTULO 2: COMO PODE A MEDITAÇÃO BENEFICIAR O FISICULTURISTA?

A meditação pode ser usada por atletas para diferentes razões: estresse, ansiedade, concentração, nervos, etc. Os atletas podem se beneficiar de meditação, vendo um ritmo mais rápido de recuperação que é fundamental quando se tenta empurrar-se para o próximo nível de desempenho. As sessões de treinamento serão mais intensas e de maior qualidade, devido à melhora no nível de concentração e, devido à redução da fadiga em seus músculos. A maioria dos atletas vai ver uma redução no nervosismo antes e durante a competição que irá ajudá-los a competir melhor e com mais confiança.

Uma vez que você começar a praticar em uma base regular, você vai achar que você tem aumentado a capacidade de concentrar-se e concentrar-se, quando chega a hora de trabalhar sob pressão e sob condições inesperadas. Este aumento da capacidade de se concentrar irá levá-lo a um nível ainda mais alto de desempenho.

Atletas com risco de doença cardíaca podem se beneficiar significativamente de meditação. Os médicos estão agora prescrevendo mais meditação e menos medicação que é o senso comum para alguns e de mudança de vida para os outros. Por simplesmente reduzir a quantidade de stress que um atleta está exposto à em uma base diária irá reduzir os níveis de pressão arterial e melhorar a sua competitividade, sendo capaz de assumir mais treinamento. Alguns atletas descobriram que a meditação pode muitas vezes ajudar a controlar o estresse comendo o que não é comumente falado, mas um fator significativo que orienta as pessoas longe de atingir o seu desempenho máximo. Atletas muitas vezes acham que eles estão mais no controle de suas vidas depois de repetir as sessões de meditação, muitas vezes o que reduz o stress e como um benefício direto, diminui o risco de doença cardíaca.

A perda de peso é um problema comum por não ter planejamento adequado e não ser capaz de seguir dietas por causa da falta de disciplina ou maus hábitos. A meditação pode realmente ajudar COM PERDA DE PESO acontecer quando comer demais é devido ao stress.

Atletas que tentam quebrar maus hábitos vão encontrá-los difíceis de mudar seus velhos hábitos e começar em um novo caminho. Fumar, beber álcool, nervosismo, ficando com raiva, e outros hábitos negativos podem ser controlados através da meditação, pois ele pode reduzir os desejos. Abrandar as coisas e usando técnicas de respiração para se concentrar em superar maus hábitos quando meditando pode ser uma poderosa técnica que parece menos óbvio, mas mais relevante quando os maus hábitos têm sido desenvolvidos devido ao estresse e raiva.

Os atletas que sofrem de depressão ou ansiedade também sofrem de stress, pois é o principal contribuinte para os dois primeiros. Estados negativos de saúde podem ser melhorados dramaticamente através da prática da meditação em uma base regular. Quando você praticar a meditação você vai notá-lo mais fácil para você ter mais controle sobre seu humor e vai se sentir mais positivo sobre o futuro em geral. Muitos atletas se preocupar muito com o resultado ou passado falhou resultados que são irrelevantes para o presente se você tomar o tempo para maximizar o seu potencial presente através de uma melhor nutrição e meditação. Se o seu objetivo é controlar seus pensamentos e emoções melhor, você vai achar que a meditação vai acalmá-lo e permitir-lhe para não se sentir sobrecarregado em situações extenuantes.

CAPÍTULO 3: OS MELHORES TIPOS DE MEDITAÇÃO PARA O FISICULTURISMO

Atenção Plena

Durante a atenção plena, os atletas devem estar a tentar permanecer no presente em cada um e cada pensamento que eles têm atualmente escrevendo seu espírito.

Este tipo de meditação ensina você a se tornar consciente de seus padrões de respiração, mas não tenta mudá-los de qualquer forma, através de práticas de respiração. Esta é uma forma mais passiva da meditação em comparação com outras formas mais ativas de meditação que exigirá que você mude seus padrões de respiração.

A mente preenchida é um dos tipos mais comuns de meditação no mundo e que todos os atletas podem se beneficiar muito.

Meditação focada

Atletas que usam a meditação estão direcionando seus pensamentos para um problema específico, emoção ou objeto que deseja focar e encontrar uma solução para.

Comece por limpar sua mente de todas as distrações e, em seguida, tomar algum tempo para se concentrar em apenas um único som, objeto ou pensamento. Você está tentando se concentrar por tanto tempo quanto possível neste estado de espírito onde você pode então redirecionar sua concentração a um objetivo que você quer alcançar.

A escolha é sua, se você quiser seguir em frente para trabalhar em qualquer outro pensamento objetivo, ou, ou você também pode simplesmente manter esse foco inicial no som, objeto ou pensei que você tinha em primeiro lugar.

Meditação em movimento

Meditação movimento é outra forma de meditação você deve tentar também. Este é um tipo de meditação, onde você se concentrar em seus padrões de respiração, movendo o ar para dentro e fora de seus pulmões, enquanto fazendo padrões de movimento de fluxo (com as mãos) que você vai repetir. Você pode se sentir desconfortável no início, movendo com os olhos fechados, mas com o tempo você vai notar é realmente muito relaxante e irá ajudá-lo a melhorar sua saúde geral.

Uma mente a conexão do corpo será otimizada nesse tipo de meditação, especialmente para pessoas que têm dificuldade para ficar quieto e preferem se deslocar em um movimento de fluxo natural. Estes movimentos devem ser lentos e repetitivos. Ao mais controlada que são, o melhor.

Fazendo movimentos rápidos, ou violentos irá desfazer o benefício de meditar.

Pessoas que praticam yoga muitas vezes acham esta forma de meditação excelente, pois é um bom elogio e semelhante à respiração de ioga e exercícios de movimento. Ambos melhorar o controle sobre si mesmo e sobre os pensamentos. Para as pessoas que nunca fizeram ioga antes e já fizeram meditação em movimento, vai descobrir que o aquecimento com alguns exercícios de yoga com base muitas vezes pode ajudá-lo a facilidade em meditação em movimento rápido. O objetivo é entrar em um estado meditativo mais rápido e yoga vai certamente permitir que você faça isso de uma maneira natural. Enquanto yoga se concentra mais na melhoria da flexibilidade e desenvolvimento de força muscular, meditação movimento é dirigida mais para um estado mental e padrões respiratórios lentos.

Meditação Mantra

Mantra meditação vai ajudá-lo a se concentrar melhor em seus pensamentos e limpar sua mente para maximizar o efeito de meditar.

Durante mantra meditação, você estará citandos mantras mais e mais como você seguido no seu processo meditativo.

Um mantra pode ser um som, frase ou oração que é cantado mais e mais.

Nós não vamos estar centrados na meditação espiritual, mas é outro tipo de meditação além de meditação focada, mente cheia, meditação mantra, meditação e movimento.

Todo mundo é diferente, o que significa que você não tem que usar apenas um tipo de meditação para alcançar seus objetivos. Você pode usar uma ou mais formas de meditação e de forma diferente.

CAPÍTULO 4: COMO SE PREPARAR PARA MEDITAR

Depois de saber que tipo de meditação que você vai fazer você precisa saber como se preparar para meditar. Certifique-se de não se apressar através de seu processo de meditação, pois isso vai certamente reduzir os efeitos globais e diminuir possíveis resultados.

EQUIPAMENTO: Coloque um tapete, cobertor, toalha, ou cadeira onde você planeja para meditar.

Algumas pessoas preferem usar uma toalha (que é ótimo quando você estiver viajando ou fora da cidade), ou uma esteira para sentar-se ou deite-se de costas diante. Outros preferem se sentar em uma cadeira para ter uma posição estável, que irá ajudá-lo a não cair no sono, se você se sentir muito relaxado.

Eu prefiro sentar-se em uma esteira de yoga, pois é uma posição que eu sinto me ajuda a concentrar e relaxar. Às vezes eu aquecer com yoga ou alongamento estático, então eu já vou ter o meu tapete pronto, mas quando eu viajo eu simplesmente uso uma toalha grossa.

Estar confortável é muito importante para entrar no estado de espírito certo para ter certeza de usar o equipamento certo para começar.

TEMPO: Decida quanto tempo você vai meditar com antecedência

Certifique-se de decidir de antemão por quanto tempo você planeja meditando e com que finalidade. Para algo simples como se concentrar em ser positivo e respiração, você pode planejar a fazer uma sessão curta de cerca de 5 a 15 minutos de duração. Considerando que, se você está pensando em se concentrar num problema e quero tentar e encontrar uma solução para, você pode querer pensando em dar-se tempo suficiente para a primeira relaxar através de padrões de respiração e, em seguida, começar a se concentrar em soluções alternativas para o problema na mão. Isso pode levar de 10 minutos a uma hora ou mais, dependendo do seu nível de experiência em meditação ou pode também depender de quanto tempo que você leva para entrar em um estado de espírito relaxado que permitirá que você se concentre bem o suficiente para enfrentar o problema.

Plano de quanto tempo você vai demorar para que você possa se preparar com antecedência para ficar no mesmo local até que você esteja feito sem interrupções, tais como:

estar com fome, crianças que entram na sala, banheiro pausas, etc. Cuide dessas possíveis distrações de antemão.

LOCALIZAÇÃO: Encontrar um espaço limpo, silencioso e confortável para meditar.

Encontrar um lugar onde você pode totalmente relaxar e limpar sua mente sem interrupções. Isso pode ser em qualquer lugar que você se sinta confortável e pode chegar a este estado de espírito relaxado. Poderia ser na grama em um parque, em casa, em seu quarto, na sua casa de banho, em uma tranquila sala vazia, ou por você mesmo em seu carro. Esta é completamente até você. Certifique-se de que você não escolha um local onde você pode ter trabalho próximo a você ou a um telefone celular que mantém tocando ou vibrando. DESLIGAR O SEU CELULAR! É impossível obter os resultados desejados de meditar por ter distrações constantes e agora telefones celulares são a principal fonte de distração e interrupções.

O local escolhido deve ter estas coisas em comum: deve ser silencioso, limpo, e precisa estar a uma temperatura fria (muito quente vai colocá-lo para dormir e muito frio vai fazer você querer levantar-se e movimentar-se), ele deve estar livre de distrações.

PREPARAÇÃO: Prepare o seu corpo para meditar

Antes de meditar certifique-se de fazer o que você precisa fazer para obter o seu corpo relaxado e pronto. Isto poderia ser por tomar um duche, alongamento, colocar roupas confortáveis, etc.

Certifique-se de que você come pelo menos 30 minutos antes de começar, para que você não sente fome ou muito cheia. A refeição magra seria ideal para ajudar você a se preparar adequadamente de antemão. Eu vou entrar em mais profundidade sobre a importância da nutrição em um dos capítulos seguintes.

WARM UP: Faça alguma Yoga ou esticar antemão para começar a relaxar.

Para alguns de vocês que já tenham feito yoga no passado, sabe como ele pode ser relaxante. Aqueles de vocês que ainda não comecei a fazer yoga, seria um bom momento para começar uma vez que irá ajudá-lo a melhor relaxar e acalmar-se. Não é necessário fazer yoga antes de meditar, mas ajuda a fim de maximizar os efeitos e acelerar o processo de relaxamento para que você obtenha no estado de espírito certo. Alongamento é outra boa alternativa desde alongamento combinado com alguns exercícios respiratórios irá ajudá-lo a se acalmar e se sentir mais à vontade.

MENTALIDADE: Faça alguma respiração profunda para começar a acalmar-se.

Respirar é fácil, mas praticar a respiração leva mais tempo. Os benefícios da prática de técnicas de respiração são muitos.

As maiorias dos atletas vão encontrar a recuperação mais rapidamente após momentos intensos. Eles também vão notar que eles são capazes de manter o foco, mesmo quando fora do ar. Os atletas precisam aprender a respirar! Os atletas precisam focar o ar entrando e saindo de seus pulmões, preste atenção em como o corpo se expande e contrai. Ouvir e sentir o movimento do ar dentro e fora de seu nariz e boca vai ajudá-lo a se sentir mais relaxado e é o adequado para se concentrar na sua respiração. Cada vez que você respira e é então exalado tentar se concentrar em entrar em um estado mais profundo e mais profundo de relaxamento. Toda vez que o oxigênio enche seus pulmões, seu corpo vai se sentir mais fortalecido e cheio de emoções positivas.

AMBIENTE: Adicione um pouco de música de meditação ou relaxamento no fundo somente se ele não se torne uma distração.

Se a música de meditação ajuda você a entrar em um estado relaxado, por todos os meios incluí-lo na sua sessão de meditação. Tudo e qualquer coisa que ajuda você a entrar em um estado mais focado e relaxado devem ser usados, incluindo a música.

Se você sentir que você é capaz de limpar melhor a sua mente, sem qualquer som ou música, então não adicionar música ao seu ambiente.

Eu normalmente não adiciono música simplesmente porque acho que a música me leva em outras direções que eu nem sempre querem ir desde um pouco de música me lembra de outros pensamentos e ideais. Isso é só comigo, mas talvez a música é certo para você. Experimente ambas as opções para ver o que funciona melhor para você. Alguns atletas gostam de ouvir música antes de competir, uma vez que sentem relaxados ou mantém-los em bom humor. Descubra o que funciona para você e cumpri-lo.

POSIÇÕES DE MEDITAÇÃO

Quando se trata de meditar posições é basicamente até você. Não há uma posição certa ou errada, apenas o que você recebe no melhor estado de concentração. Para algumas pessoas sentadas em uma cadeira é grande por causa do apoio de trás, enquanto outros preferem ser mais perto do chão e vai decidir a sentar-se em uma toalha.

Para as pessoas que são menos flexíveis na posição de lótus pode ser algo que você pode querer ignorar ou esperar para experimentar como ele pode se sentir muito desconfortável para manter por um longo período de tempo. Mais uma vez, certifique-se que você pode ficar na mesma posição pelo período de tempo que você está planejando para meditar durante ou escolher outra posição mais.

Posição sentada

Para a posição sentada simplesmente encontrar uma cadeira que você sente irá permitir que você se concentrasse sem fazer você se sentir muito desconfortável ou que você relaxa demais, onde você se sentir sonolento. Certifique-se de sua parte traseira é reta quando sentado e que seus pés podem tocar o chão como você não quer terminar a sua sessão de meditação com dor nas costas. Algumas pessoas preferem adicionar um travesseiro macio para sua cadeira para se sentir mais confortável.

Ajoelhado no chão

Tire os sapatos e as meias fora se você quiser e ajoelhar-se no chão. Tente ajoelhado em cima de um tapete macio ou toalha dobrada como ter os dedos dos pés apontando para trás e os quadris diretamente acima de seus saltos. Suas costas devem estar retas e relaxadas como para permitir que seus pulmões para expandir e contrair tantas vezes quanto necessário. Você quer criar uma forte conexão através de sua respiração e para fazer isso, o ar tem que ir dentro e fora de seus pulmões em um movimento fluente.

Posição birmanesa

A posição birmanesa é semelhante a uma borboleta posição de alongamento, mas com uma alteração da posição dos pés. Sente-se no chão e abrir as pernas, em seguida, dobre os joelhos, enquanto trazendo seus pés em direção à parte interna de suas pernas. Um pé deve estar em frente do outro. Quando nesta posição tentam manter os joelhos para baixo tão baixo quanto possível. Se ele se sente desconfortável escolher outra posição, pois há muitas opções. Suas mãos devem estar em seus lados ou em conjunto em uma posição dedos cruzados. Suas costas devem estar retas e sua testa inclinando ligeiramente para cima e para frente para que você possa ter no ar e liberá-lo de uma forma plena e completa. Esta é uma posição avançada meditação por isso não é necessário começar com a menos que você se sentir completamente relaxado nele.

Posição de lótus

A posição de Lotus é muito semelhante à posição birmanesa, mas com uma pequena alteração. Você vai precisar trazer seus pés em cima de suas coxas, enquanto em uma posição birmanesa. Suas mãos devem estar em seus lados ou em conjunto em uma posição dedo crossing-over.

Meus joelhos se sentir desconfortável nesta posição, então eu não usá-lo para minhas sessões de meditação, mas você é livre para experimentá-lo, desde que ele não causa dor. Você não quer que a dor que você sente para tomar toda a sua atenção de seu objetivo de respiração focada e calma. Se você não gosta desta posição, simplesmente escolha outra.

Que estabelece a posição

Deite-se sobre o tapete, toalha, ou cobertor e relaxar os pés e as mãos. Suas mãos devem permanecer em seus lados e os pés apontando para cima ou para fora. Suas mãos podem ser colocadas em seu estômago em uma posição delicada, mas ainda ou em seus lados. Sua cabeça deve ficar de frente para o teto ou o céu. Se você inclina-o para um lado ou outro, isso não vai permitir que você fique focado por longos períodos de tempo e pode até mesmo acabar com alguma tensão no pescoço. Esta é uma ótima posição para meditar (quando feito corretamente), desde que você não adormeça. Se este é o seu problema, basta escolher outra posição.

Posição da borboleta

Nesta posição, você terá de sentar-se em sua esteira ou toalha, abrir as pernas e, em seguida, trazer os pés juntos para que o fundo de cada um esteja enfrentando outro. Seus joelhos podem incendiar para cima ou eles podem ser capazes de ir para o chão, não importa, contanto que você se sinta confortável e pode relaxar nesta posição. Certifique-se de que sua coluna está reta e equilibrada.

CAPÍTULO 5: PADRÕES DE RESPIRAÇÃO PARA MELHORAR O DESEMPENHO TODOS OS FISICULTURISTAS DEVEM APRENDER PARA MEDITAR

Padrões respiratórios será a chave para definir o ritmo de sua sessão de meditação e também para entrar em um estado hiper focado.

Para o formulário de Atenção Plena de mediação vai continuar a ficar concentrado, mas você quer estar mais consciente da sua respiração. Seu objetivo não deve ser o de controlar a sua respiração, mas para simplesmente sentir o ar entrando em seus pulmões e, em seguida, para o seu entorno. A respiração dentro e fora processo deve ser feito somente através do nariz para esse tipo específico de meditação, mas não deve ser utilizado para as outras formas de meditação.

Para o restante dos outros tipos de meditação, você quer prestar atenção a padrões respiratórios e encaminhá-los através de sua sessão. Todos os padrões de respiração devem ser feito através da respiração pelo nariz e expire pela boca (exceto quando fazendo meditação da Mente preenchida).

A fim de entrar em um estado meditativo melhor, sua frequência cardíaca deve cair e, para isso, a respiração será essencial. Os padrões que você usa irá facilitar este processo para ajudá-lo a alcançar níveis mais elevados de concentração. Com a prática desses padrões de respiração vai se tornar uma segunda natureza para você. Decida de antemão se padrões respiratórios lentos são melhores para você ou se os padrões de respiração rápida será o que você precisa. Padrões respiratórios lentos você relaxar e padrões de respiração rápida energizá-lo.

PADRÕES DA RESPIRAÇÃO LENTA

A fim de abrandar a sua respiração você vai querer ter no ar lentamente e por um longo período de tempo e, em seguida, solte-o lentamente também. Para os atletas, este tipo de respiração é bom para você para relaxar após o treino ou cerca de uma hora antes da competição. Diferentes proporções do ar dentro e fora do ar irão afear o seu nível de relaxamento, e por sua vez a sua capacidade de atingir um nível óptimo de meditação.

Padrão normal de respiração lenta: Comece por tomar ar pelo nariz lentamente e contando a 5. Em seguida, solte lentamente a contagem de volta para baixo de 5 a 1. Você deve repetir este processo 4 a 10 vezes até que você se sinta completamente relaxado e pronto para se concentrar. Os atletas devem se concentrar em respirar pelo nariz e expirar pela boca para este tipo de padrão de respiração.

Padrão estendido de respiração lenta: Comece por tomar ar pelo nariz lentamente e contando até 7. Em seguida, solte lentamente a contagem de volta para baixo 7-1 ao expirar pela boca. Você deve repetir este processo 4-6 vezes até que você se sinta completamente relaxado e pronto para se concentrar.

Padrão de respiração lenta para atletas hiperativos: Comece por tomar ar pelo nariz lentamente e contar até 3. Em seguida, solte lentamente a contagem de volta para baixo 6-1 ao expirar pela boca. Você deve repetir este processo 4-6 vezes até que você se sentir relaxado e pronto para se concentrar. Este padrão irá forçar você a abrandar completamente. A última repetição desta sequência deve terminar com 4 segundos de fora e 4 segundos para estabilizar sua respiração.

Padrão de respiração ultralenta: Comece tomando ar pelo nariz lentamente e contando a 4. Em seguida, solte lentamente a contagem de volta para baixo 10-1 ao expirar pela boca. Você deve repetir este processo 4-6 vezes até que você se sinta completamente relaxado e pronto para meditar. Este padrão irá forçá-lo a desacelerar gradualmente. As últimas duas repetições desta sequência devem terminar com 4 segundos em e 4 segundos para fora para estabilizar sua respiração e equilibrar o ar dentro e fora.

Estabilizar os padrões de respiração antes de meditar: Este é um bom tipo de padrão de respiração que deve ser usado se você achar que já está calmo e quer começar imediatamente meditando. Comece por tomar ar pelo nariz lentamente e contar até 3. Em seguida, solte lentamente a contagem de volta para baixo de 3 a 1. Você deve repetir esse processo 7 a 10 vezes até que você se sinta completamente relaxado e pronto para se concentrar. Os atletas devem se concentrar em respirar pelo nariz e expirar pela boca para este tipo de padrão de respiração.

PADRÕES RESPIRAÇÃO RÁPIDA

Padrões de respiração rápidos são muito importantes para os atletas a fim de obter energizado e pronto para competir. Mesmo que esse tipo de padrão de respiração é mais eficaz quando a visualização, ele vai ser tão útil para meditar. Para os atletas que são muito calmos e precisa para se sentir mais no controle de sua mente pode querer usar esses padrões para obter-se pronto para meditar.

Padrão normal de respiração: Comece por tomar ar pelo nariz lentamente e contando a 5. Em seguida, solte lentamente a contagem de volta para baixo de 3 a 1. Você deve repetir este processo 6 a 10 vezes até que você se sinta completamente relaxado e pronto para meditar. Os atletas devem se concentrar em respirar pelo nariz e expirar pela boca para este tipo de padrão de respiração.

Padrão de respiração rápida prolongada: Comece por tomar ar pelo nariz lentamente e contar até 10. Em seguida, solte lentamente a contagem de volta para baixo 5-1 ao expirar pela boca. Você deve repetir este processo 5-6 vezes até se sentir completamente relaxado. Se você tiver problemas para chegar a 10 no início, simplesmente diminuir a contagem de 7 ou 8. Concentre-se em respirar pelo nariz e pela boca.

Padrão pré-competição de respiração rápida: Comece por tomar ar pelo nariz lentamente e contando até 6. Em seguida, solte rapidamente em uma respiração enquanto exalar para fora através de sua boca. Você deve repetir este processo 5-6 vezes até que você se sinta completamente relaxado e pronto para se concentrar. Você pode adicionar duas repetições para esta sequência com 4 segundos de fora e 4 segundos para estabilizar sua respiração e equilibrar o ar dentro e fora.

Todos esses tipos de padrões respiratórios estão aumentando o desempenho e pode ser usado durante a competição, dependendo do seu nível de energia ou nervosismo.

Para os atletas que ficam nervosos antes da competição você deve usar padrões de respiração lenta.

Para os atletas que precisam ser energizado antes da competição você deve usar os padrões de respiração rápida.

Em caso de ansiedade, uma combinação de padrões respiratórios lentos seguidos por padrões de respiração rápida lhe dará os melhores resultados.

Durante as sessões de treinamento ou durante a competição quando se sentir esgotado ou sem fôlego usar o padrão de respiração rápida respiração normal, para ajudar a recuperar mais rápido.

Padrões de respiração são uma ótima maneira de controlar seus níveis de intensidade que por sua vez você vai economizar energia e permitem que você recuperar mais rapidamente.

CAPÍTULO 6: DIETA E MEDITAÇÃO PARA FISICULTURISMO

A fim de obter os melhores resultados da meditação, uma boa dieta equilibrada será necessária. A meditação é parte de um objetivo coletivo para melhorar a si mesmo e nutrição adequada irá ajudá-lo a atingir esse objetivo. Comer direito equivale a ter mais energia e por longos períodos de tempo. Este, por sua vez afeta sua capacidade de manter o foco durante períodos de tempo prolongados. Proteínas magras, gorduras ômega, verduras e legumes, e água são os melhores alimentos pré-meditação e devem ser consumidos em quantidades adequadas, dependendo das suas necessidades calóricas.

Tendo muito açúcar em sua corrente sanguínea irá forçá-lo a deixar de funcionar antes, durante ou depois de meditar e o mesmo vai acontecer em concorrência tão açúcares refinados não são o caminho a percorrer. Evite grandes refeições que podem fazer você se sentir muito cheio e vai fazer você querer parar de meditar ou colocá-lo para dormir. As refeições que são muito pequenas vai fazer você com fome muito cedo que irá encurtar suas sessões de meditação e não permitem que você para maximizar os resultados.

Comer 60-75 minutos antes de meditar vai dar-lhe mais do que suficiente tempo para digerir e estar pronto para meditar corretamente.

Proteínas magras

Proteínas magras são muito importantes para desenvolver e reparar o tecido muscular. Proteínas magras também ajudam a normalizar as concentrações hormonais no organismo, que lhe permitirá controlar o seu estado de espírito, bem como o seu temperamento. Algumas das melhores proteínas magras que você pode ter são:

- Peito de peru (tudo natural, se possível).

- Carne vermelha magra (tudo natural também).

- Ovos brancos

- A maioria dos produtos lácteos.

- Peito de frango (natural).

- Quinoa

- Nozes (todas as variedades)

Gorduras ômega

Gorduras ômega são fáceis de obter e muito importante para as funções do corpo, especialmente para o cérebro. Gorduras ômega são comumente encontrados em:

- Salmão (Preferencialmente selvagem, não de criação).

- Nozes (fácil de transportar como lanche)

- Linhaça (misturá-los com qualquer trepidação)

- Sardinhas

Você vai notar as suas funções cerebrais melhorar e aumento global de saúde de seus cérebros. Seu sistema imunológico também deve ficar mais forte que irá reduzir suas chances de contrair câncer, diabetes e outros problemas graves de saúde.

Hortaliças e Legumes

Verduras e legumes não são dadas a importância suficiente. Encontre um vegetal que você gosta de comer e incluí-lo em sua dieta. Ele vai pagar conforme os anos passam. Quando você ouve as pessoas falando sobre como é importante ter uma dieta equilibrada, eles também estão se referindo aos vegetais. Alguns dos melhores verduras e legumes para incluir em suas refeições diárias são:

- Tomates

- Cenouras

- Beets

- Kale

- Espinafre

- Repolho

- Salsa

- Brócolis

- Couve de Bruxelas

- Alface

- Rabanete

- Pimentão verde, vermelho e amarelo

- Pepino

- Berinjela

- Abacate

Você quer ter certeza de obter uma grande variedade de cores para ter certeza de obter diferentes vitaminas e minerais.

Frutas

Frutas também contêm uma grande quantidade de vitaminas necessárias para o seu corpo para executar a sua capacidade máxima. Os antioxidantes ajudam o corpo a se recuperar mais rapidamente que é extremamente importante para os atletas. Certifique-se de comer muitas frutas que são ricos em antioxidantes após o treinamento ou competição. Frutas constituir uma importante fonte de fibra dietética, que lhe permite processar alimentos mais fáceis. Alguns dos melhores frutos para incluir em sua dieta pré-mediação são:

- Maçãs (verde e vermelho)

- Laranjas

- Uvas (vermelho e verde)

- Bananas

- Toranja (Um pouco azedo, mas cheio de antioxidantes)

- Limões e limas (. Em forma de suco misturado com água, muitas vezes eu pedir água e algumas fatias de limão quando eu sair para comer uma vez que estes são antioxidantes maravilhoso também).

- Cerejas (natural, e não o açúcar revestido).

- Mandarins

- Melancia

- Meloa

Água

A água é comumente ignorada e a maioria das pessoas não bebem o suficiente. Sucos de frutas e leite não devem ser considerados quando se considera quantos copos de água por dia que você tomar. Dependendo da quantidade de treinamento cardiovascular que você faz, isso pode ser mais do que o habitual sugeriu. A maioria das pessoas deve beber pelo menos 8 copos de água por dia, mas a maioria dos atletas devem beber 10 -14 copos de água.

Desde que eu comecei a levar em torno de meu galão de água que eu sou capaz de alcançar o meu "um galão por dia" gol de água que tem melhorado a minha saúde significativamente.

Alguns dos benefícios que tenho notado e a maioria das pessoas vão notar são:

- Menos ou sem dores de cabeça (o cérebro é hidratado com mais frequência).

- Melhoria da digestão.

- Menos cansado durante o dia.

- Mais energia na parte da manhã.

- Diminuição da quantidade de rugas visíveis.

- Não há sinais de cólicas ou rigidez muscular. (Este é um problema comum para muitos atletas.)

- Melhor concentração (isso vai beneficiá-lo muito quando meditando).

- Diminuição do desejo por doces e lanches entre as refeições.

RECEITAS DE AMOSTRA REFEIÇÃO PARA SESSÕES DE PRÉ-MEDITAÇÃO

Aqui estão alguns exemplos de receitas refeição magros para os atletas que você pode adicionar à sua dieta pré-meditativo. Você pode adaptá-los da maneira que quiser, no tamanho das porções e ingredientes utilizados.

SE MEDITAR APÓS O CAFÉ DA MANHÃ

1. Breve café da manhã no início

Encaixe seu corpo para fora de um estado catabólico de alta concentração de proteína, de carboidratos e cozido demais. A toranja e espargos há a certeza de obter mais de metade de um dia inteiro de vitamina C.

Ingredientes (Serve um):

6 claras de ovos

½ xícara cozidos quinoa e mix de arroz integral

3 aspargos, cortados

½ Toranja rosa

1 pequeno pimentão vermelho, cortado

1 colher de soro de leite em pó insípido proteico

1 dente de alho esmagado

Spray de azeite

Pimenta e sal

Tempo de Preparação: 10 min

Tempo de cozimento: 15-20 min

Preparação:

Aqueça o forno a 200°C / ventilador de gás 6. Borrife levemente uma frigideira de ferro fundido com azeite de oliva.

Em uma tigela média, bata as claras em neve com uma pitada de sal e pimenta até formar espuma.

Adicione o arroz integral cozido e quinoa para a frigideira; despeje as claras em seguida, os pedaços de espargos e as fatias de pimentão.

Asse no forno por 15-20 minutos ou até que os ovos estejam cozidos.

Valor nutricional por porção: 407 kcal, proteína 52g, 40g de carboidratos (fibra 5g, açúcar 8g), gordura de 2 g, 15% de cálcio, 12% de ferro, 19% magnésio, 26% de vitamina A, 63% de vitamina C, 48% de vitamina K, 12% de vitamina B1, vitamina B2, 69%, 26% de vitamina B9.

2. Tigela Completa

Um café da manhã com um nome apropriado, a taça combina alta potência na clara do ovo proteína com abastecimento de energia farinha de aveia. As nozes adicionar gorduras saudáveis e o mel encabeça tudo com um pouco de doçura.

Ingredientes (Uma porção):

6 claras de ovos

½ xícara de aveia instantânea, cozido.

1/8 xícara de nozes

¼ xícara bagas

1 colher de chá de mel cru

Canela

Tempo de Preparação: 10 min

Tempo de cozimento: 5 min

Preparação:

Bata as claras até formar espuma, em seguida, cozinhá-los em uma frigideira em fogo baixo.

Combine a aveia e as claras em uma tigela; adicione a canela e mel puro e misture.

Cubra com bagas, banana e nozes.

Valor nutricional por porção: 344 kcal, 30g de proteína, hidratos de carbono (33 g de fibra de 3 g, 23 g) de açúcar, gordura 11g (2 saturado), 10% ferro, 15% de magnésio, 10% de vitamina B1, vitamina B2, 11%, 15% de vitamina B5.

3. Atum com Pimentão

Esta é uma receita rápida e nutritiva que proporciona uma enorme quantidade de vitamina B12. Rico em proteínas, o atum é uma excelente opção de pequeno-almoço para a construção muscular e se você quiser adicionar alguns carboidratos para a sua refeição, um pedaço de pão de trigo integral é uma ótima escolha.

Ingredientes (2 porções):

2 latas de atum em água (185g), metade drenado

3 ovos cozidos

1 cebolinha bem picada

5 pequenas picles, em cubos

Sal e pimenta

4 pimentões, para metade, com as sementes limpas

Tempo de Preparação: 5 min

Tempo de cozimento: 10 min

Preparação:

Combine o atum, ovos, cebolinha, picles e temperos em um processador de alimentos e misture até ficar homogêneo.

Encha as metades dos pimentões com a composição e sirva.

Valor nutricional por porção: 480 kcal, proteína 46g, 16g de gordura (4g saturada), carboidratos (8g fibra 2g, açúcar 4G), 28% magnésio, 94% de vitamina A, 400% de vitamina C, 12% de vitamina E, 67% de vitamina K , 18% de vitamina B1, vitamina B2, 32%, 90% de vitamina B3, vitamina B5 20%, 56% de vitamina B6, vitamina B9 18%, 284% de vitamina B12.

4. Iogurte grego com sementes de linhaça e maçã

Ramificar-se do branco de fortalecimento muscular ovo tradicional café da manhã e experimentar algumas de alta proteína Iogurte grego com sabor de maçã. Use linhaça inteiras para maximizar a sua ingestão de fibra e mantê-los em água durante a noite para obtê-los macia e de fácil digestão.

Ingredientes (1 porção):

1 copo de iogurte grego

1 maçã cortada em fatias finas

2 colheres de sopa de sementes de linhaça

¼ colher de chá de canela

1 colher de chá Stevia

Uma pitada de sal

Tempo de Preparação: 5 min

Tempo de cozimento: 45 min

Preparação:

Pré-aqueça o forno a 190°C / ventilador de gás 5. Coloque as fatias de maçã em uma panela antiaderente, polvilhe-as com canela, Stevia e uma pitada de sal, cubra-os e leve ao forno por 45 min / até ficar macio. Retire-os do forno e deixe esfriar por 30 minutos.

Coloque o iogurte grego em uma bacia em seguida, cubra com maçãs e sementes de linhaça e sirva.

Valor nutricional por porção: 422 kcal, proteína 22g, 39g de carboidratos (7 g de fibra, 22 g de açúcar), 21g de gordura (8 g saturada), 14% de cálcio, 22% magnésio, 14% de vitamina C, 24% de vitamina B1, vitamina 13% B12.

5. Pimentões com 'Ajustes Saudáveis'

Uma refeição de vista saboroso e especial, os anéis de pimentão com combustível saudável dos seus músculos e dar-lhe energia suficiente ao poder através de seu dia. Cheio de cor e nutrientes, este pequeno-almoço é rico em vitamina B1.

Ingredientes (1 porção):

6 claras de ovos

2 ovos

¼ xícara de arroz integral farina

1 xícara de espinafre cru

½ pimentão verde

1 xícara de tomates cereja

Spray de azeite

Sal e pimenta

Tempo de Preparação: 10 min

Tempo de cozimento: 15 min

Preparação:

Bata as claras em neve com uma pitada de sal e pimenta até formar espuma. Aqueça um pouco de azeite em uma frigideira antiaderente e cozinhe as claras de ovos e farinha. Adicione o espinafre, misture e cozinhe até que o espinafre murchou.

Borrife levemente uma frigideira com azeite e coloque em fogo médio. Corte os pimentões horizontalmente para criar dois anéis, coloque-os na frigideira e quebrar os ovos no interior dos pimentões. Deixe-os cozinhar até que os ovos ficam brancos.

Coloque a mistura de ovos-farina e anéis de pimenta cozidos em um prato e sirva com tomate cereja.

Valor nutricional por porção: 495kcal, proteína 45g, 45g de carboidratos (fibra 3G, açúcar 7 g), gordura 11g (3 g saturada), 9% de cálcio, 14% de ferro, 20% magnésio, 35% de vitamina A, 32% de vitamina C, 91 % de vitamina B2, 22% de vitamina B5, 12% de vitamina B6, vitamina B12 de 15%.

6. Smoothie de óleo de amêndoas

10 minutos são tudo que você precisa para corrigir esse Smothie com vitamina D e B1 batido no leite de amêndoa. Você pode corrigir um grande lote e mantê-lo na tomada de congelador este smoothie de uma opção perfeita para um rápido café da manhã para ir.

Ingredientes (2 servindo):

1 xícara de Leite de amêndoas

1 xícara congelados bagas misturadas

1 xícara de espinafre

1 colher de banana com sabor proteína em pó

1 colher de sopa de sementes de chia

Tempo de Preparação: 10 min

Não cozido.

Preparação:

Misture todos os ingredientes no liquidificador até ficar homogêneo, despeje em 2 taças e sirva.

Valor nutricional por porção: 295kcal, proteína 26g, 32g de carboidratos (fibra 4g, 13g de açúcar), gordura 9g, 40% de cálcio, 20% de ferro, 12% magnésio, 50% de vitamina A, 40% de vitamina C, 25% de vitamina D, 57% da vitamina E, vitamina B1 213%, 18% de vitamina B9.

7. Torta de abóbora panquecas de proteína

Esqueça sobre a farinha e tentar panquecas de aveia com uma adição deliciosa de abóbora fresca. Armazene algum xarope livre de calorias e desfrutar de um pequeno-almoço de alta proteína que tem um gosto tão bom quanto uma refeição da fraude.

Ingredientes (1 porção):

1/3 copo de aveia

¼ xícara de abóbora

½ xícara de ovos brancos

1 colher de proteína canela em pó

½ colher de chá de canela

Spray de azeite

Tempo de Preparação: 5 min

Tempo de cozimento: 5 min

Preparação:

Misture todos os ingredientes em uma tigela. Borrife uma frigideira de tamanho médio com azeite e coloque em fogo médio.

Despeje a massa, e uma vez que você ver pequenas bolhas aparecem no topo da panqueca, vire. Quando cada lado esteja dourado, retire a panqueca e sirva.

Valor nutricional por porção: 335kcal, proteína 39g, 37g de carboidratos (fibra 6g, 1 g de açúcar), 6g de gordura, 14% de cálcio, 15% de ferro, 26% magnésio, 60% de vitamina A, 26% de vitamina B1, vitamina B2 37% , 10% de vitamina B5, 31% de vitamina B6.

8. Farinha de aveia altamente proteica

Laço em uma porção saudável de carboidratos que irá mantê-lo saciado por horas, enquanto a proteína em pó e amêndoas vai entregar um começo cheio de proteína para o seu dia. Se você preferir, farinha de aveia com um sabor frutado, com sabor de banana usar proteína em pó.

Ingredientes (1 porção):

2 pacotes de aveia (28g pacote)

¼ xícara de amêndoas moídas

1 colher de baunilha sabor da proteína de soro de leite em pó

1 colher de sopa de canela

Tempo de Preparação: 5 min

Tempo de cozimento: 5 min

Preparação:

Despeje a farinha de aveia instantânea em uma tigela, misture com a proteína em pó e canela. Adicione a água quente e misture. Cubra com amêndoas esmagadas e sirva.

Valor nutricional por porção: 436kcal, proteína 33g, 45g de carboidratos (10g de fibras, açúcar 4g), 15g de gordura (1 g saturada), 17% de cálcio, 19% de ferro, 37% magnésio, 44% de vitamina E, 21% de vitamina B1, 21 % de vitamina B2.

9. Misto de proteínas

Alimentar os seus músculos e empurrar através de um treino intenso com esta refeição proteína 51g. Estas claras de ovos mexidos com legumes e peru salsicha têm o valor acrescentado de ser embalado com carboidratos e altas quantidades totais de vitaminas.

Ingredientes (1 porção):

8 claras de ovos

2 salsichas de peru da ligação, picados

1 cebola grande, cortada em cubos

1 xícara de pimentão vermelho, cortado em cubos

2 tomates em cubos,

2 xícaras de espinafre cru, picado

1 colher de chá de azeite de oliva

Sal e pimenta

Tempo de Preparação: 10 min

Tempo de cozimento: 10-15 min

Preparação:

Bata as claras em neve com uma pitada de sal e pimenta até formar espuma, em seguida, reserve.

Aqueça o óleo em uma panela grande antiaderente, regue as cebolas e pimentões e refogue até que estejam macios. Tempere com sal e pimenta. Adicionar a salsicha de peru e cozinhe até que esteja dourado, em seguida, abaixe o fogo e adicione as claras em neve e precipitação.

Quando os ovos estão quase prontos, adicione o tomate e espinafre, cozinhe por 2 minutos e sirva.

Valor nutricional por porção: 475kcal, proteína 51g, 37g de carboidratos (10g de fibras, açúcar 18g), 10g de gordura (2 g saturada), 14% de cálcio, 23% de ferro, 37% de magnésio, 255% de vitamina A, 516% de vitamina C, 25 % de vitamina E, vitamina K 397%, 22% de vitamina B1, vitamina B2 112%, 29% de vitamina B3, vitamina B5 19%, 51% de vitamina B6, 65% de vitamina B9.

10. Smoothie de fruta e manteiga de amendoim

Que melhor maneira de começar o seu dia inteiro de cálcio que com este sabor morango batido? Rico em minerais, vitaminas, proteínas e carboidratos de abastecimento de energia, este smoothie é uma maneira perfeita para iniciar seu dia.

Ingredientes (1 porção):

15 morangos médios

1 1/3 colheres de sopa de manteiga de amendoim

85g tofu

½ xícara de iogurte sem gordura

¾ xícara de leite desnatado

1 colher de proteína em pó

8 cubos de gelo

Tempo de Preparação: 5 minutos

Não cozido.

Preparação:

Verter o leite para dentro da misturadora e, em seguida, o iogurte, o restante dos ingredientes. Mistura até que a mistura é completamente misturado e espumoso. Despeje em um copo e sirva.

Valor nutricional por porção: 472 kcal, proteína 45g, 40g de carboidratos (fibra 6g, 31g de açúcar), 13g de gordura (4g saturada), 110% de cálcio, 35% de ferro, 27% magnésio, 30% de vitamina A, 190% de vitamina C, 11 % de vitamina E, 13% de vitamina B1, vitamina B2, 24%, 10% de vitamina B5, 18% de vitamina B6, vitamina B9 17%, 12% de vitamina B12.

11. Whey Protein Muffins

Com uma dose saudável de aveia e uma porção de proteína de soro de leite de chocolate em pó, estes muffins são uma ótima alternativa para o pequeno almoço aveia regulares. Emparelhado com um copo de leite, esta refeição torna-se de que você obtenha uma boa quantidade de cálcio e vitamina D para ir com a proteína e carboidratos agradável servir.

Ingredientes (4 queques-2 porções):

1 xícara de aveia em flocos

1 ovo grande inteiro

5 grandes ovos brancos

½ colher de chocolate de proteína de soro de leite em pó

Spray de azeite

2 xícaras de leite com baixo teor de gordura, para servir

Tempo de Preparação: 2 min

Tempo de cozimento: 15 min

Preparação:

Pré-aqueça o forno a 190C / ventilador de gás 5.

Misture todos os ingredientes juntos por 30 anos. Pulverizar a forma do muffin com azeite, em seguida, bater-se em quatro muffins. Coloque no forno por 15 min.

Retire do forno, deixe esfriar e sirva com o copo de leite.

Valor nutricional por porção (inclui leite): 330kcal, proteína 28g, 37g de carboidratos (fibra 9g, açúcar 13g), gordura 6g (5 g saturada), 37% de cálcio, 22% de ferro, 19% magnésio, 12% de vitamina A, 34% vitamina D, 44% de vitamina B1, vitamina B2, 66%, 25% de vitamina B5, 11% de vitamina B6, vitamina B12 de 24%.

12. Salmão defumado e abacate com torradas

Estás preparado para um treino duro e baixo no tempo? Leva apenas 5 minutos para juntar este pequeno-almoço saboroso. Tanto o salmão e abacate são ricos em ácidos saudáveis e esta refeição tem bastante proteína e carboidratos para mantê-lo motivado.

Ingredientes (2 porções):

300g de salmão fumado

2 médias abacates maduros, apedrejado e descascados

Suco de ½ limão

Um punhado de folhas de estragão picado

2 fatias de pão integral, pão

Tempo de Preparação: 5 min

Sem tempo de cozedura

Preparação:

Corte os abacates em pedaços e misture o suco de limão. Torcer e dobrar as peças salmão defumado, coloque-os em pratos de servir, em seguida, espalhar com o abacate e estragão. Sirva com torradas de trigo integral.

Valor nutricional por porção: 550kcal, proteína 34g, 37g de carboidratos (12g de fibras, açúcar 4g), 30g de gordura (5 g saturada), 17% de ferro, 24% magnésio, 25% de vitamina C, 27% de vitamina E, 42% de vitamina K, 16% de vitamina B1, vitamina B2, 24%, 55% de vitamina B3, vitamina B5 35%, 40% de vitamina B6, vitamina B9 35%, 81% de vitamina B12.

13. Pizza de Baixo teor de carboidratos

Esqueça o alto teor calórico, fatia não nutritiva de pizza e substituí-lo com este delicioso substituto. Saudável e de enchimento, leva apenas 20 minutos para fazer e não é só alta em proteínas, mas também em minerais e vitaminas.

Ingredientes (1 porção):

1 Toda pequena pita de trigo

3 claras

1 ovo

¼ xícara de baixo teor de gordura queijo mussarela

1 cebolinha, cortada

¼ xícara de cogumelos, em cubos

¼ xícara de pimentas de sino, em cubos

2 fatias de peru bacon, picado

1 colher de chá de azeite de oliva

Sal e pimenta

Tempo de Preparação: 10 min

Tempo de cozimento: 10 min

Preparação:

Bata os ovos com uma pitada de sal e pimenta e adicione os legumes em cubos.

Dobrar as bordas do pão pita para criar uma bacia. Escove ambos os lados com o azeite e coloque o pão pita na grelha, lado cúpula para baixo. Cozinhe até dourar, em seguida, lançá-lo do outro lado.

Despeje a mistura de ovos na pita e cozinhe até que os ovos estão quase prontos, adicione o peru bacon, cebola e queijo primavera. Cozinhe até que o queijo havia derretido e sirva.

Valor nutricional por porção: 350Kcal, proteína 33g, 12g de carboidratos (fibra 3g, 4g de açúcar), 15g de gordura (6 saturada), 32% de cálcio, 19% de ferro, 15% magnésio, 36% de vitamina A, 88% de vitamina C, 72 % de vitamina K, 21% de vitamina B1, vitamina B2, 71%, 22% de vitamina B3, vitamina B5 14%, 21% de vitamina B6, vitamina B9 25%, 29% de vitamina B12.

14. Café da manhã mexicano Mocha

Cubra seu copo favorito de aveia com uma porção saudável de leite de amêndoa e desfrutar de um brunch de alto teor de fibra rapidamente feitos. A pimenta caiena é perfeita para adicionar um pouco de glamour para o seu mingau de aveia.

Ingredientes (1 porção):

½ xícara de aveia em flocos

1 colher de proteína em pó de chocolate

½ colher de sopa de canela

½ colher de chá de pimenta caiena

1 xícara de leite de amêndoas sem açúcar

1 colher de sopa de cacau em pó sem açúcar

Tempo de Preparação: 5 min

Tempo de cozimento: 3 min

Preparação:

Misture todos os ingredientes em uma tigela para micro-ondas. Calor nas micro-ondas por 2 ½ -3 min depois servir.

Valor nutricional por porção: 304 kcal, proteína 27g, 38g de carboidratos (fibra 8g, açúcar 3 g), gordura 7g, 32% de cálcio, 15% de ferro, 25% magnésio, 10% de vitamina A, 25% de vitamina D, 51% de vitamina E, 12% de vitamina B1.

15. Panquecas de Mirtilo e limão (a qualquer hora)

Um café da manhã quente e satisfatório, esta panqueca de mirtilo enriquecida pelo sabor do limão é uma maneira simples e saborosa de conseguir que alta potência refeição que você precisa para começar o seu dia. Espalhe uma colher de sopa de iogurte grego no topo de sua panqueca, se quiser.

Ingredientes (1 porção):

1/3 xícara de farelo de aveia

5 ovos brancos

½ xícara de mirtilo

1 colher de soro de leite em pó insípido proteína

½ colher de chá de bicarbonato de sódio

1 colher de chá de limão ralada casca

Bebida de limão 1 colher de sopa de mistura

spray de azeite

Tempo de Preparação: 5 min

Tempo de cozimento: 5 min

Preparação:

Misture todos os ingredientes em uma tigela grande, misture e bata até ficar homogêneo.

Cozinhe o lote em um pulverizado qualificado em temperatura média/alta até que as bolhas se formam na superfície. Vire e cozinhe até que cada lado esteja dourado escuro. Retire a panqueca e sirva.

Valor nutricional por porção: 340kcal, proteína 47g, 37g de carboidratos (açúcar, fibra 6g 14g), 5g de gordura, 10% de ferro, 25% magnésio, 12% de vitamina C, 19% de vitamina K, 26% de vitamina B1, vitamina B2 58% .

ALMOÇO PRÉ-MEDITAÇÃO

16. Arroz Mediterrâneo

Transforme a lata de atum em um delicioso prato que é um acionador de partida perfeito para uma tarde de exercício. A elevada quantidade de carboidratos vai alimentar um treino completo e a proteína irá certificar-se de que seus músculos recuperar do esforço.

Ingredientes (1 porção):

1 lata de atum em óleo, escorrido

100g de arroz integral

¼ de abacate picado

¼ de cebola roxa, cortada

Suco de ½ limão

Sal e pimenta

Tempo de Preparação: 5 min

Tempo de cozimento: 20 min

Preparação:

Ferva o arroz integral por cerca de 20 min, em seguida, coloque em uma tigela com a cebola, atum e abacate. Adicione o suco de limão e misture todos os ingredientes. Tempere com sal e pimenta a gosto e sirva.

Valor nutricional por porção: 590kcal, proteína 32g, 80g de carboidratos (7 g de fibras, açúcar 1g), 14g de gordura (5 g saturada), 22% de ferro, 52% de magnésio, 101% de vitamina D, 18% de vitamina E, 107% de vitamina K, 32% de vitamina B1, 134% de vitamina B3, vitamina B5 26%, 39% de vitamina B6, vitamina B9 15%, 63% de vitamina B12.

17. Frango temperado

Frango é perfeito para uma alta proteína construção muscular refeição. Alta em nutrientes através da placa, esta saborosa refeição simples, pode ser emparelhado com uma porção de sua escolha de carboidratos.

Ingredientes (2 porções):

Peitos de frango desossados 3 cortado ao meio

175g de iogurte de baixo teor de gordura

5 centímetros pedaço de pepino, finamente picado

2 colheres de sopa de pasta de caril tailandês vermelho

2 colheres de sopa de coentro picado

2 xícaras de espinafre cru, para servir.

Tempo de Preparação: 5 min

Tempo de cozimento: 35-40 min

Preparação:

Pré-aqueça o forno a 190°C / ventilador de gás 5. Coloque o frango em um prato em uma camada. Misture um terço do iogurte, a pasta de caril e dois terços do cilantro, adicione sal e despeje sobre o frango, certificando-se de que a carne é revestida uniformemente. Deixe por 30 minutos (ou no frigorífico durante a noite).

Levante o frango em uma cremalheira em uma assadeira por 35-40 min, até dourar.

Aqueça a água em uma panela e murchar o espinafre.

Misture o resto do iogurte e coentro, adicione o pepino e mexa. Despeje a mistura sobre o frango e sirva com o espinafre cozido.

Valor nutricional por porção: 275kcal, 43g de proteína, hidratos de carbono (fibra 8g 1 g, 8 g de açúcar), 3 g de gordura (1 g saturada), 20% de cálcio, 15% ferro, 25% de magnésio, 56% de vitamina A, 18% de vitamina C, 181 % de vitamina K, vitamina B1 16%, 26% de vitamina B2, vitamina B3 133%, 25% de vitamina B5, 67% de vitamina B6, vitamina B9 19%, 22% de vitamina B12.

18. Ovos recheados e Pão Pita

Obter o seu preenchimento de ômega-3 os ácidos gordos com este rico prato de salmão. Ricos em vitaminas e minerais, esta refeição enchimento é uma ótima maneira de impulsionar-se com energia e alimentação através de seu dia.

Ingredientes (2 porções):

1 salmão enlatado em água (450g)

2 ovos

1 grande cebolinha bem picada

2 grandes folhas de alface

10 tomates cereja

1 colher de sopa de iogurte grego

Um todo grande pão pita de trigo, cortado ao meio

Sal e pimenta do mar

Tempo de Preparação: 10 min

Tempo de cozimento: 10 min

Preparação:

Ferva os ovos, descascá-los e cortá-los ao meio, em seguida, retire as gemas e coloque-os em uma tigela.

Adicione o salmão enlatado, 1 colher de sopa de iogurte, a cebolinha e os temperos para a tigela. Misture todos os ingredientes juntos e encher as claras em neve. Sirva com pão pita recheado com alface e tomates.

Valor nutricional por porção: 455kcal, proteína 45g, 24g de carboidratos (fibra 3G, açúcar 2 g), gordura 36g (10g saturada), 59% de cálcio, 22% de ferro, 21% magnésio, 30% de vitamina A, 24% de vitamina C, 43 % de vitamina K, 11% de vitamina B1, vitamina B2, 36%, 60% de vitamina B3, vitamina B5 20%, 41% de vitamina B6, vitamina B9 20%, 20% de vitamina B12.

19. Wraps de frango e Ceasar

Estas bandagens de frango se transformam em uma grande refeição portátil que irá certificar-se de que você mantenha seus níveis de proteína de alta ao longo do dia. O lance em alguns espinafres e fazer uma refeição mais amigável e verde.

Ingredientes (1 porção):

85g de peito de frango, cozido

Toda a 2 tortilhas de trigo

1 xícara de alface

50g de iogurte sem gordura

1 colher de chá de pasta de anchova

1 colher de chá de mostarda em pó seco

1 dente de alho, cozinhado

½ pepino média picada

Tempo de Preparação: 5 min

Não cozido.

Preparação:

Combine a pasta de anchova, alho e iogurte em seguida, atirar e casaco da alface e pepinos. Divida a mistura em dois, adicionar as tortilhas e em seguida, coloque a metade do frango em cada tortilhas. Envolva-se e servir.

Valor nutricional por porção (2 tortilhas): 460kcal, proteína 41g, 57g de carboidratos (7 g de fibras, açúcar 9g), 10g de gordura (2 g saturada), 11% de cálcio, 22% de vitamina K, 13% de vitamina B2, 59% de vitamina B3, 12% de vitamina B5, 29% de vitamina B6, vitamina B12, 10%.

JANTAR PRÉ-MEDITAÇÃO

20. Salmão cozido com aspargo grelhado

Um prato clássico, feito mais interessante por uma marinada de suco de limão e mostarda, este salmão grelhado vai bem com os aspargos alho. Mime-se com uma grande combinação de proteínas e vitaminas.

Ingredientes (1 porção):

140g de salmão selvagem

1 ½ xícara de aspargos

Marinada:

1 colher de sopa de alho picados

1 colher de sopa de mostarda Dijon

O suco de limão a partir de ½ limão

1 colher de chá de azeite de oliva

Tempo de Preparação: 5 min

Tempo de cozimento: 15 min

Preparação:

Pré-aqueça o forno a 200°C / ventilador de gás 6.

Em uma tigela, misture o suco de limão, metade do alho, azeite e mostarda, despeje a marinada sobre o salmão e verifique se ele está completamente coberto. Coloque o salmão marinar na geladeira por pelo menos uma hora.

Corte a parte inferior hastes fora dos aspargos. Definir uma frigideira antiaderente em fogo médio / alto, atirar os aspargos com o restante do alho e sele para cerca de 5 min, revirando os aspargos em todos os lados.

Coloque o salmão em uma assadeira e leve ao forno por 10 min, em seguida, servir com os espargos grelhados.

Valor nutricional: 350Kcal, proteína 43g, 7g de carboidratos (5g de fibra, 1 g de açúcar), 16g de gordura (1 saturada), 17% de ferro, 20% magnésio, 48% de vitamina A, 119% de vitamina C, 17% de vitamina E, 288 % de vitamina K, 39% de vitamina B1, vitamina B2, 60%, 90% de vitamina B3, vitamina B5 33%, 74% de vitamina B6, vitamina B9 109%, 75% de vitamina B12.

21. Almôndegas e Massa com espinafre

A pasta refeição rica em proteína que faz com que a maior parte da carne e espinafre emparelhamento. Não só é uma mistura de vitaminas, mas ele também contém uma quantidade saudável de magnésio, que ajuda a regular a contração muscular.

Ingredientes (2 porções):

Para almôndegas:

170g de carne moída magra

½ xícara de espinafre cru, picado

1 colher de sopa de alho picado

¼ xícara de cebola vermelha, cortada em cubos

1 colher de chá de cominho

Sal e pimenta do mar

Para Pasta:

100g de espinafre trigo massas

10 tomates cereja

2 xícaras de espinafre cru

¼ xícara marinara

2 colheres de sopa de queijo parmesão baixo teor de gordura

Tempo de Preparação: 15 min

Tempo de cozedura: 30 min

Preparação:

Pré-aqueça o forno a 200°C / gás 6.

Misture a carne moída, espinafre cru, alho, cebola vermelha e sal e pimenta a gosto. Misture bem com as mãos até que o espinafre é completamente misturado na carne.

Formar duas ou três almôndegas, aproximadamente o mesmo tamanho, em seguida, coloque-os em uma assadeira no forno por 10-12 minutos.

Cozinhe o macarrão conforme as instruções da embalagem. Escorra o macarrão e misture o tomate, espinafre e queijo. Adicione as almôndegas e sirva.

Valor nutricional por porção: 470kcal, proteína 33g, 50g de carboidratos (6g de fibra, açúcar 5 g), 12 g de gordura (5 g saturada), 17% de cálcio, 28% de ferro, 74% de magnésio, 104% de vitamina A, 38% de vitamina C, 11 % de vitamina E, vitamina K 361%, 16% de vitamina B1, vitamina B2, 20%, 45% de vitamina B3, vitamina B5 11%, 45% de vitamina B6, vitamina B9 35%, 37% de vitamina B12.

22. Peito de Frango recheado com arroz integral

O arroz integral é uma excelente forma de introduzir carboidratos de qualidade para a sua dieta. Casal que com peito de frango de alta proteína e alguns vegetais e você tem um delicioso almoço de alimentação.

Ingredientes (1 porção):

170g de peito de frango

½ xícara de espinafre cru

50g de arroz integral

1 Cebolinha, em cubos

1 tomate, cortado

1 colher de sopa de queijo

Tempo de Preparação: 10 min

Tempo de cozimento: 30 min

Preparação:

Pré-aqueça o forno a 190°C / ventilador de gás 5.

Corte o peito de frango ao meio para fazer parecer como uma borboleta. Tempere o frango com sal e pimenta, em seguida, abri-lo e espinafre camada, queijo feta e tomate fatias de um lado. Dobre o peito de frango e use um palito para mantê-lo fechado, em seguida, leve ao forno por 20 min.

Ferva o arroz integral em seguida, adicione o alho ea cebola picada. Encha um prato com arroz integral, coloque o frango por cima e sirva.

Valor nutricional por porção: 469kcal, proteína 48g, 46g de carboidratos (fibra de 5g, 6g de açúcar), 8g de gordura (5 g saturada), 22% de cálcio, 18% de ferro, 38% magnésio, 55% de vitamina A, 43% de vitamina C, 169 % de vitamina K, vitamina B1 28%, 28% de vitamina B2, vitamina B3 103%, 28% de vitamina B5, 70% de vitamina B6, vitamina B9 23%, 17% de vitamina B12.

23. Camarão e abobrinha com salada de macarrão Linguine

A refeição da fraude de massa com uma porção de abobrinha desfiado e camarão no vapor aromatizado com todas as formas de gergelim. Esta combinação de ingredientes contribui para um almoço leve com um elevado teor em proteínas.

Ingredientes (1 porção):

170g de camarão cozido no vapor

1 abobrinha grande, picados

¼ xícara de cebola roxa, cortada

1 xícara de pimentão, cortado

1 colher de sopa de manteiga assado Tahini

Óleo de sésamo 1 colher de chá

1 colher de chá de sementes de gergelim

Tempo de Preparação: 10 min

Não cozido

Preparação:

Corte a abobrinha usando um triturador para fazer linguine cru.

Em uma tigela, misture tahine e óleo de gergelim.

Coloque todos os ingredientes em uma tigela grande, despeje o molho tahine e lançá-lo para se certificar de todos os lados estão cobertas de molho. Polvilhe algumas sementes de gergelim e sirva.

Valor nutricional por porção: 420kcal, proteína 45g, 26g de carboidratos (10g de fibras, açúcar 12g), 18g de gordura (2 g saturada), 19% de cálcio, 47% de ferro, 48% magnésio, 33% de vitamina A, 303% de vitamina C, 17 % de vitamina E, 31% de vitamina K, 38% de vitamina B1, vitamina B2, 36%, 38% de vitamina B3, vitamina B5 13%, 66% de vitamina B6, vitamina B9 35%, 42% de vitamina B12.

24. Almôndegas turcas com cuscuz de trigo

Cozida em uma forma de muffin, bolo de carne de peru este garante que você minimizar a ingestão de gorduras saturadas. Misture-se um pouco, adicionando pimenta ou cogumelos sino em vez de cebola em as almôndegas e por temperar com uma pitada de alho chão.

Ingredientes (1 porção):

140g de peru moída magra

¾ xícara cebolas vermelhas, cortadas em cubos

1 xícara de espinafre cru

1/3 xícara de molho marinara baixo teor de sódio

½ xícara inteira cuscuz de trigo, cozidos

Escolha de temperos: salsa, manjericão, coentro

Pimenta, sal

Spray de azeite

Tempo de Preparação: 5 min

Tempo de cozimento: 20 min

Preparação:

Pré-aqueça o forno a 200°C / ventilador de gás 6.

Temporada de peru com sua escolha de temperos e adicione a cebola em cubos.

Luz pulverizar seu muffin pan com azeite, coloque o peru à terra dentro dos detentores de muffin. Top cada almôndega peru com 1 colher de sopa molho marinara, em seguida, coloque no forno e asse por 8-10 min.

Sirva com cuscuz.

Valor nutricional por porção: 460kcal, proteína 34g, 53g de carboidratos (fibra 4g, açúcar 7 g), 12 g de gordura (4g saturada), 12% de cálcio, 15% de ferro, 10% magnésio, 16% de vitamina A, 15% de vitamina C, 11 % de vitamina E, 16% de vitamina K, vitamina B1 11%, 25% de vitamina B3, vitamina B6, 16%, 11% de vitamina B9.

CAPÍTULO 7: O PODER DE USAR VISUALIZAÇÕES PARA FISICULTURISMO

O que significa visualização?

A visualização é, basicamente, conceituar uma imagem de algo em sua mente que você quer alcançar e quer encontrar um caminho para alcançar esse objetivo. Você está fundamentalmente fazendo tudo que você quer fazer quando você executa, mas é feito através de sua imaginação e em sua mente. Como você tem ouvido muitas vezes "Se você pode vê-lo, você pode fazê-lo".

Não há nenhuma maneira certa ou errada de visualizar. Você vai encontrar um lugar confortável. Sentar ou descansar em uma cadeira confortável, esteira ou toalha muito como você faz quando você meditar.

Quando você visualiza estiver a tomar meditação para o próximo nível e quer usar a maior parte do mesmo processo que você faz para meditar.

Há muitos tipos de visualizações que podem ser feitas. Três dos mais comuns são visualizações inspiradoras, de resolução de problemas visualizações e visualizações orientados objetivo.

Atletas em todos os campos comumente usar visualizações de uma forma ou de outra, por vezes, mesmo sem saber que eles estão fazendo-os. Para alguns, isso é feito durante a vigília que é o que é conhecido como visualizações e, para outros isso pode acontecer em seus sonhos, mas com nenhum controle sobre o resultado.

Quando você visualiza você está imaginando imagens ou vídeos mentais do que você gostaria de ver o que poderia incluir:

- Como você olha.

- Como você está vestido.

- Como você se move.

- Como você executa.

- O estado emocional em que está.

- O estado mental em que está.

- O que os resultados de seus concorrentes são.

Você está no controle de tudo o que você está vendo em sua mente e pode projetar o início e o fim da maneira que quiser. Ser criativo é útil uma vez que as coisas nem sempre saem da maneira que planejamos para eles na vida real, mas preparando mentalmente e emocionalmente para as possíveis situações e resultados, as coisas se tornam mais fáceis de lidar quando chega a hora de executar. O pico de desempenho é um termo usado para quando você está "na zona" e no seu melhor. É mais fácil de executar em seu pico quando você preparou sua mente através de visualizações.

Por que visualizar para motivar-se?

Algumas pessoas têm dificuldade em encontrar a motivação certa sob pressão para fazer o que é suposto fazer, em vez de ser intimidado pelo ambiente e as pessoas assistindo-os. Por motivar-se através de visualizações e, dizendo-se a fazer melhor e empurrar-se mais difícil como você vê os pensamentos que você deseja realizar em sua mente, você vai desbloquear as possibilidades cérebros para que você obtenha através do medo, ansiedade, nervosismo e pressão envolvida quando concorrentes.

Quais são objetivo orientados por visualizações

Visualizações objetivo orientado são imagens mentais e vídeos que você deseja criar em seu cérebro quando visualizando que o foco em alcançar um objetivo específico. Isso pode ser: vencer uma competição, melhorando seu tempo, treinando mais horas por dia, acrescentando mais proteína em sua dieta, não se cansando tanto (alguns deles são resultados objetivos com base e alguns são metas baseados no desempenho.

Ambos são importantes ao planejar sua sessão de visualização.).

Isto é o que você treinar fisicamente para. Para ver os resultados no final de todo o trabalho duro. Usando visualizações completa o treinamento fazendo o último e mais importante parte da preparação para a competição. Você tem que preparar o corpo ea mente para executar no seu melhor. Nutrição e treinamento físico vão preparar o seu corpo. Meditação, padrões de respiração e visualizações vai treinar o seu cérebro. A combinação de ambos lhe dará a maior vantagem competitiva e é isso que você quer.

CAPÍTULO 8: MEDITAR PARA MÁXIMOS RESULTADOS NA MUSCULAÇÃO

Meditando a alcançar seu potencial máximo dependerá de sua capacidade de se concentrar em um pensamento ou problema e manter o foco durante o tempo que necessário para resolver o problema ou até você perceber o seu objetivo. Isto irá criar confiança e autoconvicção para futuras tarefas que você pode precisar realizar.

Quando você medita e deseja alcançar o máximo de resultados que você terá que seguir estes passos exatos de cada vez. Se você alterar ou eliminar qualquer passo, você vai acabar mudando o resultado da sessão de meditação.

Estes passos são:

1º: Encontre um lugar calmo onde você não será perturbado.

2º: Coloque um tapete, toalha, cobertor, ou cadeira onde você está planejando para meditar.

3º: Certifique-se de que você teve uma refeição leve ou lanche cerca de uma hora antes de meditar.

4º: Escolha uma posição em que você vai se sentir confortável em durante toda a sessão. Isto poderia ser:

sentado em uma cadeira, deitado em uma esteira, sentado em birmanesa, Lotus ou a posição da borboleta, de joelhos sobre um tapete, ou qualquer outra posição de meditação confortável mencionado antes.

5º: Comece o seu padrão de respiração. Se você quiser para acalmar e relaxar você deve escolher a respirar mais ar para fora do que você faz no ar (exceto se você estiver fazendo a meditação Mente Preenchida como você não deve tentar controlar a sua respiração, mas em vez de simplesmente sentir o ar entrando em seus pulmões e, em seguida, para fora em seu entorno.). Por exemplo, respirar em 4 segundos e depois expire durante 6 segundos. Ao tentar energizar-se, porque você se sentir muito relaxado ou acabou de acordar, você respirar mais ar do que em uma relação específica que você pode decidir de antemão. Por exemplo, respire 5 segundos e 3 segundos para fora. Lembre-se de cada sequência de respiração deve ser repetido pelo menos 4-6 vezes para permitir que a sua respiração a desacelerar a mente e levá-lo em um estado de calma para melhor meditar. Para todos os padrões respiratórios você vai respirar pelo nariz e expire pela boca, exceto para a meditação Mente Preenchida que será dentro e para fora através de seu nariz apenas como o foco não está na sua respiração.

6º: Depois que você terminar de completar seus padrões de respiração da maneira explicada no capítulo padrões de respiração, você deve começar a se concentrar em algo que você quer obter, alcançar, ou simplesmente visualizar na sua mente. Concentre-se nisso há tanto tempo quanto possível. Sessões curtas lhe dar resultados duradouros mais curtos, enquanto sessões mais longas tendem a ajudá-lo a manter este nível de concentração, mesmo depois de você terminar de meditar. Todos os atletas sabem que, quando é hora de executar, (especialmente quando sob pressão), eles precisam manter o foco e ser capaz de fazer isso por um longo período de tempo sem perder a concentração lhes permita superar a concorrência. **Esta é a diferença entre os campeões e o resto!**

7º: Este pensamento deve agora evoluir para um clipe de filme mental, de curta ou longa que você está criando em sua mente para ajudá-lo a conseguir o que você quer em sua mente em primeiro lugar, com o objetivo de, eventualmente, fazer acontecer em uma situação da vida real. Seja o mais específico possível e ficar relaxado no processo. Esta sétima etapa adiciona visualização para o processo, mas não há nada de errado com isso, uma vez que só pode beneficiá-lo, mas é necessário se você só quer mantê-lo simples.

8º: Os atletas precisam usar a respiração para concluir suas sessões de meditação para terminar como eles começaram. Se você não têm de competir no mesmo dia, você pode usar padrões de respiração lenta, como no exemplo abaixo:

Padrão normal de respiração lenta: Comece por tomar ar pelo nariz lentamente e contando a 5. Em seguida, solte lentamente a contagem de volta para baixo de 5 a 1. Você deve repetir este processo 4 a 10 vezes até que você se sinta completamente relaxado e pronto para meditar. Os atletas devem se concentrar em respirar pelo nariz e expirar pela boca para este tipo de padrão de respiração.

Se você tem que competir no mesmo dia que você deve energizar o corpo ea mente no final usando padrões de respiração rápida, como a abaixo:

Padrão normal de respiração rápida: Comece por tomar ar pelo nariz lentamente e contando a 5. Em seguida, solte lentamente a contagem de volta para baixo de 3 a 1. Você deve repetir este processo 6 a 10 vezes até se sentir completamente relaxado, mas energizado. Os atletas devem se concentrar em respirar pelo nariz e expirar pela boca para este tipo de padrão de respiração.

Para os atletas que estão fazendo meditação Mente Preenchida, as sessões devem terminar uma vez que eles são feitos meditando como o foco por trás dessa forma de meditação não está respirando, mas em vez de acalmar a mente e se concentrar em um pensamento específico.

ISSO SÓ FUNCIONA SE VOCÊ ACREDITAR QUE FUNCIONA ENTÃO SEJA PACIENTE E PERSISTENTE!

CAPÍTULO 9: MEDITAR PARA FORÇA EMOCIONAL

A tensão emocional por trás de cada competição é esmagadora, cansativo e desgastante. Preparando-se para superar o estresse emocional é muito importante e necessária para superar obstáculos mentais.

Alguns atletas são grandes quando o treinamento, mas desmoronar sob estresse emocional ao competir, mas meditando pode melhorar a sua abordagem a este tipo de estresse. Alguns vão gritar espernear, reclamar, abaixam a cabeça, apresentam baixa autoestima, aparecem com baixo consumo de energia, chorar, ou até mesmo ser nervoso. Isso é normal em situações de pressão, mas pode ser um problema facilmente resolvido através da meditação. Vamos olhar para alguns problemas e soluções que você pode se concentrar em quando meditando.

Por que me sinto inseguro quando eu estou competindo?

Insegurança pode acontecer por uma série de razões. Para alguns, sua falta de preparação onde você pode sentir que você não está preparado para competir. Para este problema simplesmente preparar tanto quanto você precisa até se sentir pronto. Não se pressionados a competir, se você não está pronto.

Para outros, a insegurança pode vir de comparar-se muito com os outros em vez de se concentrar em seus resultados e melhorar off resultados anteriores. Concentre-se em ver-se melhorar através da formação e uma melhor preparação quando você meditar.

Por que eu fico com raiva de mim mesmo e dos outros quando estou competindo?

A raiva é uma reação comum para muitos atletas quando eles estão sob pressão e não sabem o que fazer. Outras vezes a raiva pode ser resultado de uma frustração. Algumas pessoas ficam com raiva de si mesmos, outros com a concorrência, muitos deles com pessoas próximas a eles e, por último, nas condições externas que eles não têm controle sobre.

Ao meditar, você pode superar este problema, tentando se concentrar em aceitar que há coisas que você não tem controle sobre e só pode antecipá-los e ter um plano alternativo, caso ocorram. Aceitar as condições meteorológicas, ruído ou atrasos que são possíveis situações que podem acontecer, mas pode ter consequências diferentes em você, dependendo do seu nível de preparação.

Também haverá circunstâncias em que você terá controle sobre as situações e pode evitar ficar com raiva.

Se há alguém que você prefere não ter por perto quando você competir basta pedir-lhes educadamente para esperar por você para terminar e, em seguida, pode compartilhar o triunfo com você mais tarde. Eles devem entender se eles realmente desejam o melhor para você e essa é a maneira que deve ser.

Quando você sente raiva porque você não está competindo a maneira você acha que poderia, meditação definitivamente ajudá-lo a planejar melhor as coisas, usando seu tempo meditando para preparar um caminho ou um processo passo a passo a seguir que lhe dará o melhor possível oportunidade de atuar no seu verdadeiro potencial.

Por que eu tenho tanto medo durante uma competição?

O medo é uma das condições mais comuns todos os atletas sofrem. É uma emoção humana em reação a uma ameaça. O medo vem em diferentes formas e tamanhos. Alguns tipos de medo são baseados em eventos ou coisas que realmente não existem, mas são criadas em sua mente. Estes são muitas vezes coisas que poderiam acontecer, mas nunca poderia acontecer em tudo. Deixe-me repetir a última parte "poderia acontecer, mas nunca poderia acontecer em tudo".

Medo de resultados futuros é um desperdício de energia e irá drenar você emocionalmente. Os resultados futuros são um resultado do presente bom planejamento e preparação. Se você se concentrar em metas de resultados com base e alcançá-los durante a competição, na maioria das vezes você vai obter os resultados objetivos com base.

Por exemplo, se concentrar em ser positiva e adaptável, não importa qual seja a situação, irá ajudá-lo a superar as condições difíceis e muitas vezes têm um resultado positivo no final, principalmente porque você não parar de acreditar em si mesmo e não desistiu.

O medo também pode ser devido a uma ameaça atual que é pequena na natureza, mas porque você acha que tanto nele você acaba construindo-se a um problema enorme e um enorme medo. Nunca deixe que isso aconteça, porque você vai torná-lo impossível para a sua mente para superar uma situação como esta. Se o seu subir uma colina, não olhar para ele como o Monte Everest porque você vai querer parar de fumar antes mesmo de começar.

Dê a cada circunstância e problema a atenção que merece e não mais. Medite sobre se concentrar em uma coisa e uma vez que você é feito com ele se concentrar em outra coisa. Você não tem que analisar mais de centenas de resultados quando pode haver um menos de 1% de chance que pode até acontecer.

Quando você medita você tentar se vê em uma imagem diferente. Use sua mente para ver a si mesmo como você deseja. Por exemplo, você pode optar por ver a si mesmo como uma pessoa confiante, sem medo, e agressivo.

Não dar aos outros mais créditos do que lhes é devido e não se cortar curto. Ser excesso de confiança é melhor do que estar com medo e não se esquecendo de si mesmo é melhor do que estar confiante demais. Encontrar o equilíbrio certo e construir essa imagem em sua mente, em seguida, tentar viver essa imagem em uma base diária.

Eu me sinto tão nervoso quando estou sob pressão, por que é isso?

Ser nervoso pode realmente ser uma coisa boa, pois ele pode ter um efeito positivo sobre o corpo ea mente. Como os nervos pode ser bom, você pergunta? Para algumas pessoas, estar nervoso pode trazer o melhor em si mesmos e competir melhor do que normalmente faria. Em outras circunstâncias, o seu corpo pode desencadear adrenalina para aumentar naturalmente os seus sentidos e capacidades físicas.

Ser nervoso também pode causar o efeito oposto e fazer você se congelar quando você precisa para reagir. Este é um problema enorme e muito óbvio.

Ao meditar muitas vezes você melhorar suas habilidades padrão de respiração e aprender a controlar o fluxo de ar em seu corpo. Esta é uma habilidade muito útil que tem um efeito poderoso sobre o nervosismo e suas emoções em geral.

Três coisas que você pode fazer quando você está sob pressão são:

1. Respire fundo e abrandar o seu ritmo cardíaco baixo. (Meditação irá melhorar significativamente esta prática e melhor prepará-lo para quando você está nervoso).

2. Ficar (a reação oposta ativa seria ficar parado ou "congelar" o que é ruim. Mantenha-se ativo fazendo tudo o que você precisa fazer para ajudar a manter a calma. Algumas pessoas mascar chiclete ou flor do sol sementes, outros se movem seus pés, e alguns ouvir música, enquanto outros tentam distrair-se antes de competir pela leitura de livros ou conversando com outros. Há muitas mais maneiras de ficar ativo, mas você tem que escolher um que é certo para você.)

3. Pensar pensamentos positivos (meditação é muitas vezes usado para desacelerar a mente e relaxar o corpo

que permite então que o seu cérebro para se concentrar em pensamentos produtivos que deve ser positivo. Use meditação para ajudá-lo a tornar-se mais positivo, praticando o pensamento positivo em suas sessões.)

CAPÍTULO 10: MEDITAR PARA FORÇA MENTAL

Qual é a resistência mental?

Sendo mentalmente forte pode significar muitas coisas, mas para os atletas que não significa que cai sob pressão e responder a qualquer desafio de frente com o poder da mente.

Resistência mental é importante?

Sim, é muito importante. Como você se tornar mais e mais avançado você vai notar que seu corpo só pode levá-lo até agora e da mente é o único que tem de assumir o controle sobre o futuro de seus resultados. Sendo mentalmente forte irá permitir que você assumisse o controle desses resultados futuros e empurrá-lo para seu limite graças aos esforços feitos quando meditando por resistência mental.

Como posso usar a força mental na musculação?

Na musculação, força mental é uma habilidade que precisa ser desenvolvido ao longo do tempo, mas que vai ser confiável quando é hora de executar. Resistência mental pode ser usada de muitas maneiras. Ele pode ser usado para manter a calma sob pressão. Ele também pode ser usado para melhorar o seu desempenho. Por último, ele pode ser usado para durar mais que a concorrência quando você sente seu corpo é possível ir mais longe.

Três exemplos de tenacidade habilidades mentais que você pode desenvolver para o fisiculturismo, quando meditando por força mental seria:

1. Usando um vocabulário mental apropriado. A maioria de nós ter conversas internas com nós mesmos e as palavras que usamos têm um enorme impacto sobre nossas ações. Dizer ao seu corpo "não desistir" é um exemplo de ter um vocabulário mental negativo. Se você disser ao seu corpo para "continuar", você estaria usando um vocabulário mental positiva. Com o primeiro, o cérebro procura por palavras-chave e, neste caso, ouve as palavras "desistir", mesmo que você está tentando forçá-lo a ouvir "não desistir". Isto é simplesmente a forma como o cérebro funciona. No segundo exemplo, o cérebro ouve as palavras-chave "Continue" e continua indo. Shorter não é a solução, simplesmente as palavras-chave que você usa. Fique longe de usar palavras que poderiam permitir que o cérebro para associar ações que você não quer acontecer.

2. Projetar uma imagem confiante de si mesmo. Ao forçar-se a ficar em linha reta, as mãos para relaxar, o seu rosto para olhar mais relaxado e autoconfiante, e mostrando a competição que você está pronto para o que está à frente, você vai mudar a forma como a mente se aproxima de qualquer situação de conflito e seus resultados potenciais . Isto é verdade, 10 em cada 10 vezes. Projetar uma imagem confiante de si mesmo e seu cérebro vai se preparam para pensamentos confiantes que irá criar ações confiantes.

3. Pré-visualização de suas ações. Fazer as coisas em puro instinto em vez de ter uma idéia do que seria a maneira perfeita de fazê-las, são duas abordagens completamente diferentes para uma circunstância, mas, por vezes, um pode ir para a direita, enquanto o outro vai funcionar melhor com muito mais frequência. Pré-visualização de suas ações antes de fazê-las é semelhante ao uso de visualizações mas a diferença é que você vai criar a imagem mental aquém do que você quer fazer direito antes de fazê-lo. IMAGEM IMEDIATA, AÇÃO INSTANTÂNEA. Feche os olhos por um, dois, ou três segundo, se o tempo permitir adicionar mais alguns segundos e veja-se executar a ação que você está tentando realizar e, em seguida, abra os olhos e executar esta ação naquele instante. Você vai notar que você é muito mais preciso com as suas ações do que nunca.

Lembre-se, quando meditando para força mental, você está indo para praticar as habilidades descritas acima de modo que você pode aplicá-los sob condições difíceis mentalmente e superar esses desafios que outros lutam com.

CAPÍTULO 11: MEDITAR PARA SOLUÇÃO DE PROBLEMAS

O que significa meditar para resolver um problema?

Bem, se você tiver um problema, seu cérebro pode ter a solução, mas quando você está ocupado pensando sobre um milhão de coisas e fizer outras 10, ao mesmo tempo, consciente ou inconscientemente, isso será impossível. Por abrandar o seu pensamento e acalmar suas emoções através de técnicas de meditação e respiração adequada, será mais fácil se concentrar em um problema de cada vez e encontrar alternativas ou soluções possíveis para resolver o problema.

Isso é o que a meditação faz melhor. Ele quebra as coisas para uma idéia simples ou pensamento e concentra-se apenas no presente. Estes pensamentos podem ser simplesmente pensamentos positivos ou idéias ou poderiam ser problemas que você precisa para encontrar soluções para.

Quando você cria um tempo específico para meditar, você também está criando tempo para resolver um problema que você tem que de outra forma não poderia ter um tempo dedicado a isso mesmo.

Isso é mais um resultado positivo de meditar que a maioria dos atletas nunca considera, e perder tendo quaisquer possibilidades de encontrar alternativas para erros ao longo da vida que nunca são corrigidos uma vez que optou por não meditar.

Que tipos de problemas que pode resolver quando meditando?

Qualquer problema que você pode estar tendo pode ser analisado através da mente e às vezes você vai encontrar uma solução imediatamente, enquanto outras vezes isso pode levar muito mais tempo ou nunca. O cérebro tem a capacidade de encontrar o que você está procurando se você tomar o tempo para se concentrar nele. O verdadeiro problema ocorre quando você não tomar o tempo para dedicar-se a encontrar uma solução e dar-lhe a devida atenção que merece.

Por que é meditar para resolução de problemas é importante para mim?

Como um atleta, você está constantemente sendo desafiado e empurrou que por sua vez significa que você está constantemente a serem dados novos problemas para resolver cada segundo, minuto, ou momento. Não se se preparando para superar estes novos desafios, você está permitindo sorte para se tornar mais valioso do que a sua capacidade mental para resolver problemas. Isso nunca deve ser o caso. Lembre-se, "A sorte vem para aqueles que estão preparados". Esteja preparado para ter sorte em seu lugar.

Cinco coisas a ter em conta na resolução de problemas são:

1. Nunca analise demais um problema para o ponto em que se torna um problema maior do que realmente é.

2. Sempre permitir que a mente tente novamente quando você não encontrar uma solução instantaneamente quando meditando. Você pode encontrar uma solução na segunda ou terceira vez que você meditar sobre o mesmo problema.

3. Todo problema tem uma solução. Meditar irá ajudá-lo a procurar uma solução para um problema, mas tenha em mente que você pode precisar de entrada de outra pessoa para melhor resolvê-lo por isso sempre ser humilde o suficiente para aceitar conselhos ou para procurar ajuda.

4. Nem todos os problemas precisam ser resolvidos. Se algo é tão minuto em tamanho que ele não merece qualquer atenção, do que ignorá-lo e passar para as coisas importantes que irão causar o maior impacto em seus resultados.

5. Meditar irá ajudá-lo a resolver muitos problemas, mas às vezes a visualização irá levá-lo um pouco mais longe, o que muitas vezes é necessário quando você precisa ver imagens

mentais e vídeos mentais do que está realmente acontecendo.

Lembre-se, meditando para resolução de problemas é uma grande utilidade para a meditação, mas não o único uso. Use seu tempo com sabedoria quando meditando para que você faça mais do mesmo já que a mente vai lhe dar a melhor concentração de qualidade para um intervalo de tempo específico e, em seguida, o resto do tempo não será tão produtivo, e isso é quando se sabe que está pronto e precisa terminar a sessão.

CONSIDERAÇÕES FINAIS

Meditar é o próximo nível de evolução para os atletas. O treinamento físico continuará a ser a norma e novas e melhores formas de formação irão manter vindas ao redor, mas a evolução da mente vai fazer o maior e mais impactante mudança nos anos vindouros. Atletas mentalmente aprimorados é o futuro e você pode estar em primeiro ou último, cabe a você. Você decide! A começar e ver os efeitos de mudança de vida meditação terá sobre você.

MAIS TITULOS DESSE AUTOR

Criando o Fisiculturista Definitivo: Aprenda os Segredos e Truques Usados pelos Melhores Fisiculturistas Profissionais e Treinadores para Melhorar o seu Condicionamento, Nutrição e Tenacidade Mental sem Comprimidos ou Shakes

Por
Joseph Correa
Atleta Profissional e Treinador

www.ingramcontent.com/pod-product-compliance
Lightning Source LLC
Chambersburg PA
CBHW070146080526
44586CB00015B/1866